不得不知的人类文明

BUDEBUZHI DE
RENLEI WENMING

著名的古城

ZHUMING DE GUCHENG

知识达人 编著

成都地图出版社

图书在版编目（CIP）数据

著名的古城 / 知识达人编著 . —— 成都 : 成都地图
出版社 , 2017.1（2021.6 重印）
（不得不知的人类文明）
ISBN 978-7-5557-0437-9

Ⅰ . ①著… Ⅱ . ①知… Ⅲ . ①古城—介绍—世界
Ⅳ . ① K915

中国版本图书馆 CIP 数据核字 (2016) 第 210476 号

不得不知的人类文明——著名的古城

责任编辑：赖红英
封面设计：纸上魔方

出版发行：成都地图出版社
地　　址：成都市龙泉驿区建设路 2 号
邮政编码：610100
电　　话：028 - 84884826（营销部）
传　　真：028 - 84884820

印　　刷：唐山富达印务有限公司
（如发现印装质量问题，影响阅读，请与印刷厂商联系调换）

开　　本：710mm×1000mm　1/16
印　　张：8　　　　　　　**字　　数：**160 千字
版　　次：2017 年 1 月第 1 版　**印　　次：**2021 年 6 月第 4 次印刷
书　　号：ISBN 978-7-5557-0437-9

定　　价：38.00 元

　　为什么古巴比伦城被称为"空中的花园"？威尼斯为什么建在水上？四大文明要到哪里寻找呢？拉菲庄园为什么盛产葡萄酒？你想听听赵州桥的故事吗？你知道男人女人都不穿鞋的边陲古寨在哪里吗？你去过美丽峡谷中的德夯苗寨吗？

　　《不得不知的人类文明》包括宫殿城堡、古村古镇、建筑奇迹等。它通过浅显易懂的语言、轻松幽默的漫画、丰富有趣的知识点，为孩子营造了一个超级广阔的阅读和想象空间。

　　让我们现在就出发，一起去了解人类文明吧!

目录

目录

目录

没有城墙的丽江古城

　　提起古城，小朋友是不是会立刻想起高高的城墙、宽宽的护城河，以及一幢幢古色古香的古建筑？然而，在我国的西南，却有一座没有围墙的古城，它也是我国历史文化名城中少有的没有城墙的古城之一。它，就是云南的丽江。

　　丽江古城原名大研镇，因为它四面环山，就像是一块大砚台一样，所以取名为"大砚镇"。随着年代的变迁，由于"砚"与"研"谐音，所以演变为"大研镇"。

　　丽江古城是宋末元初时建

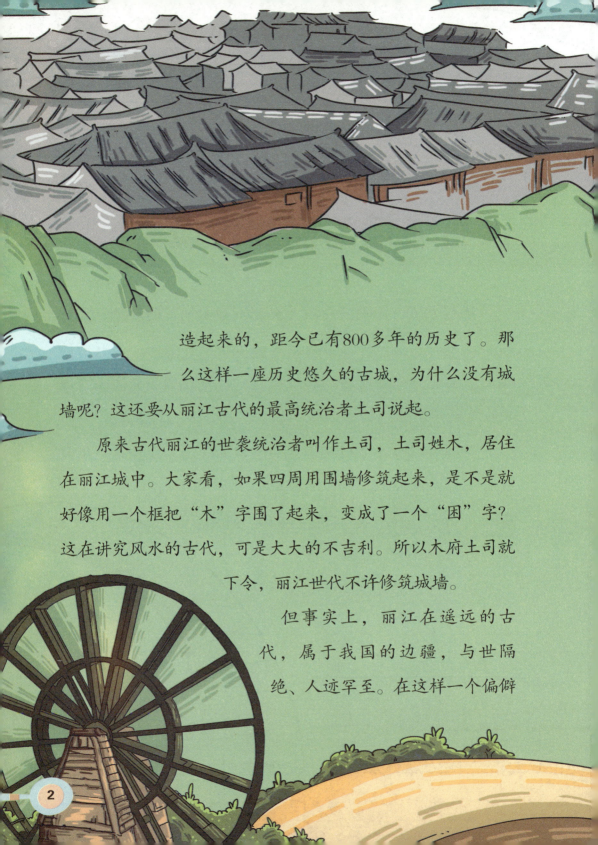

造起来的，距今已有800多年的历史了。那么这样一座历史悠久的古城，为什么没有城墙呢？这还要从丽江古代的最高统治者土司说起。

原来古代丽江的世袭统治者叫作土司，土司姓木，居住在丽江城中。大家看，如果四周用围墙修筑起来，是不是就好像用一个框把"木"字围了起来，变成了一个"困"字？这在讲究风水的古代，可是大大的不吉利。所以木府土司就下令，丽江世代不许修筑城墙。

但事实上，丽江在遥远的古代，属于我国的边疆，与世隔绝、人迹罕至。在这样一个偏僻的地方修建一座城市，也实在没有修筑城墙的必要。而且也多亏了土司下令去掉了城墙的阻隔，才使得丽江这座古城与周围的美丽景观和谐相融，为我们呈现出难得一见的独特美景呢。

人人都说丽江古城美，那么它究竟美在哪里呢？

首先是水美。在古城中随处都能看到小桥流水的景致，街道的走势也几乎与水渠一致。河道上的桥梁更是星罗棋布。要知道，丽江的桥有300多座，所以有人将丽江称为"桥城"，更有从江南来的游人亲切地叫它"高原姑苏"，而不远万里、漂洋过海而来的外国游客则把它称为"东方威尼斯"。

　　水美只是一方面，丽江的山也很美。古城依山而建，街道随山势的起伏而不断变化。古城盘桓在崇山峻岭之间，背靠风光秀丽的玉龙雪山，北依象山、金虹山，西临狮子山，犹如群山怀抱中的一颗璀璨明珠，熠熠生辉。

　　自然美景之后就是人文美景了。丽江的街非常美，街道都是用五彩花石铺就的，所以雨天不会泥泞、干燥的天气也不会尘土飞扬。石上花纹雅致美观，充满诗意。古城中心的四方街，街如其名，四条大的街道向四周辐射，每条街道又分出许多小巷，街巷相连，四通八达，就像贯穿古城的大

小动脉。到了夜晚，古城的街道就会焕发出新时代的青春活力。数不清的酒吧灯红酒绿，霓虹灯闪烁绚丽夺目，人流穿梭，世界各地的口音此起彼伏，会有一种身处繁华大都市的错觉。

这就是丽江，一座没有城墙的古城，一座和山水融为一体的古城，一座与时代和世界接轨的古城。

丽江的木府

在丽江有这么一句话："不到木府，等于没来丽江。"也就是说木府就如同丽江的大观园。它是丽江古城历史的见证，也是文化的象征哦。木府是丽江世袭的最高统治者木氏土司住的地方，历经了400多年呢。木府鼎盛时期占地100多亩，共有楼台亭阁100多座，融汇了大山河川的灵秀之气与王府皇宫的富丽典雅，可谓是一座辉煌的艺术殿堂啊！

平遥古城很奇怪，
房子半边盖

　　小朋友们知道平遥吗？这个古城位于我国山西省的中部，距今已有2700多年的历史了，最早可以追溯到公元前8世纪的西周时代。它是我国"保存最为完好的古城"之一，也是到目前为止，我国仅有的以整座古城申报世界文化遗产获得成功的两座古城之一。

平遥城基本保持着明清时期的县城原貌，街道格局为"土"字形，东、南、西、北四大街贯通全城，八小街和七十二条蚰蜒巷四通八达。因此也被称为"龟城"，或许是指它的布局就像乌龟背上的裂纹一样纵横交错吧。

漫步在这古城的大街小巷，你会发现一个很有趣的现象，那就是：平遥的旧民居大多是"半边盖"，就像一个"个"字去了一撇或一捺，如同一幢完整的房子被人硬生生地劈去了一半一样。

为什么会这样呢？小朋友或许会脱口而出："因为穷！"哈哈，

这你可是说错了。平遥是我国著名的晋商发源地之一，是中国近代的金融中心，城内聚居了数以百计的富商巨贾，怎么也不会因为没钱而把自家的房子只盖一半的。

那是什么原因呢？还是让我来告诉你吧！首先，山西省干旱多风，风一吹，沙尘漫天。把临街的那堵外墙砌高，墙上又不开窗，就可以有效地抵挡风沙。不过这只是其中的一个原因哦！

其次，当地雨水少，所以雨水十分金贵，过去常有紧挨着的两家为了争夺屋檐下滴落的雨水而大打出手的。于是后来的平遥人家就将自家的房子"盖半边"了。这样，雨水就会全部流入自家的院子，也避免了邻里间的纠纷。根据当地人的说法，这是"肥水不流外人田"呢。

再次，房屋"半边盖"会使得院内结构美观紧凑。

平遥古城除了房子的外形古怪，它的城墙也是一大看点。平遥的城墙始建于明朝洪武三年，迄今已有600多年的历史。古城墙雄伟壮观，总周长6000多米，高10米左右，将现在的平遥古城分隔为两个风格迥异的世界。

在城墙内则是300多处明清时期遗留下来的遗址，保存比较好的居民住宅更是有近4000座。古色古香的街市、店铺和楼台，每一处都是文化古迹，每一处都体现着历史原貌，这些简直就能称得上是研究中国古代城市的活标本啊。

　　而城墙外则是充满现代感的新城，和大多数现代化城市一样，这里布满了高楼大厦，马路纵横交错，市场热闹繁荣，充满了时代气息。平遥城的两个世界相映成趣，令人向往。若是你想亲身体验"穿越"历史的感受，那么就到平遥古城来吧！

　　当然，这里还要告诉你一个小秘密：平遥作为一个热点旅游城市，自然少不了设施齐备、装修豪华的大小宾馆，但是你若是想更好

地体会古人的生活和古城的风韵，最好找那些由民居改建的宾馆。方方正正的四合院、中间一个小小的天井、古色古香的房间……都会将你带回遥远的过去呢！

世界上最完美的废墟

小朋友们一定没有听说过交河故城吧？告诉你哦，在20多年前，一幅彩墨画

《交河故城》可是以4070万的天价刷新了中国艺术家国画拍卖的最高纪录哦！也因此，被淹没在众多世界文化遗产背后不为人知的古城顿时成为了全世界瞩目的焦点。

交河故城建立于公元前2世纪至5世纪，是当时的车师人所创立的，因为两条环绕全城的河水在城南交汇，所以得名"交河"。

交河位于我国新疆吐鲁番市以西10千米处，

已在广袤无垠的沙漠中度过了2000多年的沧桑时光。它在南北朝和唐朝时达到鼎盛，后来由于连年的战火而逐渐衰落。

交河故城是世界上最大、最古老、保存最完好的生土建筑城市遗址，也是我国唯一保存最完整的2000多年的都市遗址。但是现在它已经完全废弃，没有人居住，所以被称为"故城"，而不是"古城"。

交河故城占地有40多万平方米，现存的建筑遗址有30多万平方米。小朋友想一想，这样庞大的整座城市竟然几乎全部是从生土中挖掘而成的，其中最高的建筑物有三层楼那么高！这样看来它还真是古代建筑史上的一个奇迹呢。

交河故城的整体布局可以分为三部分：一条长约350米、

宽10米的大道将居住区分成了东、西两部分。大道北端是北部寺院区，其中心是一座规模宏大的寺院；东南面是官府和衙门，它是一座宏伟的地下宅院，顶上还有天井；西部则是手工作坊区，东面有军营，其余为民居，可以想见千年之前这里作为车师国国都的繁华景象。

交河故城在建筑上有两个显著的特点。一是没有城墙，因为整座城市建立在一个高达30米的天然黄土台上，崖岸陡峭如削，如同天然壁垒，易守难攻，真可谓是"一夫当关，万夫莫开"，因此完全没有修筑城墙的必要。

二是所有的建筑都是采用

"减地留墙"的方法，从高耸的地表向下挖掘而成。这样形成的街道和小巷，幽深而狭长，人行其中，就犹如在蜿蜒曲折的战壕中穿行，而整座城市，就是一个壁垒森严的大堡垒。可见在当时，这一地区的民族、社会和军事矛盾有多激烈。

虽然整座交河故城都是土质结构，但是由于新疆地区得天独厚的干旱少雨的气候，这座城市的整体建筑大多奇迹般地保留了下来，在历经千年的风雨沧桑之后依然屹立不倒，成为我国珍贵的古文化殿堂，交河故城也因此被称为"世界上最完美的废墟"。

婴儿墓

交河故城还有许多未解之谜，其中最离奇的就要数婴儿墓了。婴儿墓葬群在官府遗址的北面，那里有数百座的长方形墓穴，人们从里面挖出了200多具的婴儿尸骸！这个发现震惊了世界，从来都还没有过这种规模的婴儿墓葬，而且这些婴儿的死因都还是一个谜题呢！

历史悠久的澳门古城

"你可知'Macau'不是我真姓?

我离开你太久了,母亲!

但是他们掳去的是我的肉体,

你依然保管着我内心的灵魂。

…… ……

那三百年来梦寐不忘的生母啊!

请叫儿的乳名,叫我一声'澳门'。

母亲啊母亲,我要回来,母亲!母亲!"

1999年澳门回归，当这首改编自闻一多诗歌的《七子之歌》在澳门和大陆两地唱响之际，有多少人流下了激动而感慨的泪水。澳门，这个离开祖国怀抱112年之久的游子，终于回家了！

　　澳门自古以来就是中国的领土，从秦朝起，就被正式纳入中国的领土。1557年起，葡萄牙从明朝政府求得澳门的居住权，1887年，澳门沦为葡萄牙殖民地，从此葡萄牙开始对澳门了长达100多年之久的殖民统治。直到1999年，澳门才正式回归祖国。

　　在400多年中西方文化的碰撞和磨合中，澳门形成了独特的澳门文化。众多的名胜古迹、中外建筑，既有传统的中国民族特色，又有浓郁的外国浪漫风情。其中澳

门历史城区（又称澳门古城）是中国境内现存年代最久远、规模最大、保存最完整、最集中的中西方风格共存的建筑群，2005年被列入世界文化遗产。

澳门古城获得了世界高度的评价，世人们都说澳门古城是我国现存最古老的西式建筑遗产，而且还是东西方建筑艺术的综合体现。在这里，可以找到中国最古老的修道院和教堂遗址，最古老的西式炮台建筑群等等。而且第一座西式剧

院以及第一座西式大学、第一座现代化灯塔也都在这里哦！澳门是中西方文化共融的城市，大部分建筑都带有中西合璧的特色，比如澳门标志性建筑之一的——大三巴牌坊。

大三巴牌坊建成于1580年，是当时最大的教堂。1835年在火灾中毁掉了，仅剩的教堂前壁很像中国的传统牌坊，所以被称为"大三巴牌坊"。大三巴牌坊高约27米，宽约23.5米，它既有欧洲文艺复兴的风格，也有东方传统建筑的风格，气势雄伟，装饰华丽，雕刻精细，堪称"立体的圣经"，是远东著名的石雕宗教建筑。

小朋友们一定听说过"妈祖"这个名字，她是中国古代传说中的一位女神，是民间故事中流传的护航海神，已有千年以上的传播历史。祭拜妈祖所建的妈祖庙已随华人的足迹遍布全球。

澳门的妈阁庙是澳门最著名的名胜古迹之一，位于澳门的东南方，已有500多年历史。它背靠青山，面临大海，四周古木参天，风光十分秀丽。

　　每逢农历除夕和农历三月二十三日妈祖诞生之日，众多香客云集妈阁庙，烧香祭拜、祈福，妈阁庙上紫烟弥漫，一片祥和，这就是"澳门八景"之一的"妈阁紫烟"。

　　中西方文化的交融还体现在澳门人的生活气息中。不论是中国的传统节日，如春节、清明、端午、中秋等，还是外国的宗教、传统习俗节日，当地人都要举行盛大的庆祝活

动。他们或去妈阁庙烧香请愿，或赛龙舟，或举行宗教弥撒和圣像出游，形式多样，热闹非凡。

小朋友们一定想到那里去游览一番了吧。不过要记得虽然赌博在澳门不违法，但还是要离得远远的哦！

商业发达的杰内古城

　　宝石是非常贵重的，如果一个地方被誉为宝石，那这个地方的价值一定不凡。你知道吗？在马里共和国有一个被称为"尼日尔河谷的宝石"的杰内古城哦！

杰内古城位于西非马里共和国南部边境，毗邻干旱的撒哈拉大沙漠和多雨的苏丹地区，这两种截然不同的气候造就了杰内古城独特的热带水乡泽国风光。

　　碧蓝的巴尼河穿过市区缓缓流过，市内沟渠纵横，小桥流水古朴典雅，四处绿草茵茵、繁花似

锦，令人怀疑自己仿佛来到了江南水乡。然而高大挺拔、枝繁叶茂的棕榈树、芒果树和香蕉树等热带植物，却无时无刻不在提醒着你，这是热带城市。

杰内是一个不折不扣的历史文化名城。最早的居民可以追溯到公元前250年，在14—16世纪达到鼎盛时期，"黄金帝国马里"的名声甚至都传到了欧洲。

杰内是古代非洲重要的经济中心和贸易集散地，吸引了大量的商人在此进行商业活动。他们把从撒哈拉南部地区贩来的奴隶、黄金和象牙卖到中非和北非，再把产自中非和北非的烟草、岩盐和皮革等物资转卖到撒哈拉南部地区，从中获取大量利润。

同时，杰内是一座典型的苏丹式建

筑，建筑面积有3025平方米。整个建筑包括由上百根四方泥柱支撑着的祈祷大厅，以及3座塔楼构成的寺院主墙。在祈祷大厅的屋顶上还有104个气洞。3座塔楼构成寺院的主墙，并且在5根泥柱的连结下成为一体。它构造奇特，曲线变化丰富，有着惊心动魄的视觉效果，因而被视为非洲建筑史上的一大杰作。

这座巨型的建筑没用一砖一瓦哦，小朋友们觉得奇怪了吧？不用砖瓦怎么盖房子呢？告诉你吧，它是由红色黏土和椰树树枝建造而成的。简单来说，就像是我们过家家时捏的泥房子，只不过是放大了无数倍而已。

　　但它并非杰内古城唯一的黏土建筑，城内有保存完好的2000多座古建筑，以及现代居民居住的房屋，大部分都是用捣实的黏土块做材料，再在外部涂抹上泥浆而成的。在太阳的照射下，这些土质的清真寺、王宫和民居，质感非常古朴，没有现代建筑的半点反光，整座城市显得那样古色古香、典雅朴实。

　　这就是被称为"黏土之城"的杰内古城，一颗"尼日尔河谷的宝石"，1988年被联合国教科文组织作为文化遗产，列入了《世界遗产名录》。

杰内的集市

　　杰内的集市是杰内古城的盛大集会之一，也是最能感受古城魅力所在的地方了。集市每周一举行，妇女们都会穿着艳丽的彩色长袍，推着装满水果和蔬菜的小车，涌向集市。她们的耳朵上悬挂着黄金耳环，鼻子上戴着沉甸甸的鼻环，嘴唇则画满了紫色的花纹，那异国别样的风情还真是一大特色呢！

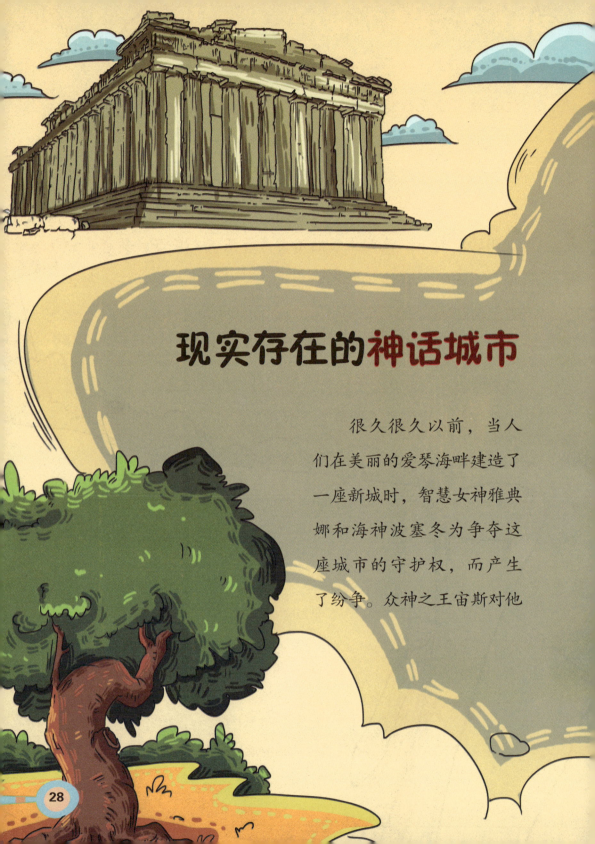

现实存在的神话城市

很久很久以前，当人们在美丽的爱琴海畔建造了一座新城时，智慧女神雅典娜和海神波塞冬为争夺这座城市的守护权，而产生了纷争。众神之王宙斯对他们说："你们每人献给人类一样东西，谁的东西对人类更有用，谁就将成为这座城市的保护神。"

海神波塞冬用三叉戟击打岩石，一匹神武的战马立刻出现在众人眼前；而雅典娜则用长矛轻拍岩石，却立刻长出了一棵郁郁葱葱、硕果累累的橄榄树。战马象征着战争，而橄榄树却象征着丰收与和平。人们欢呼着、簇拥着雅典娜，于是雅典娜成为了这座爱琴海畔新城的守护神，人们还以她的名字将这座新城命名为"雅典"。

说完传说，小朋友们也该知道今天我们要说的城市是哪座了吧？没错，就是希腊的首都雅典。这座古典的城市是人类历史上一段奇妙的神话。它曾是整个西方世界的哲学、政治和文明的中心，也曾是奥林匹亚的发源地。雅典卫城更是被誉为"希腊的眼睛"。

　　雅典卫城位于雅典中心的卫城山丘上，建于公元前5世纪。它是希腊最著名、最杰出的古建筑群。整个卫城建于陡峭的山岗上，只有一条通道盘旋而上。卫城的中心是雅典娜的铜像，主要建筑则是人们为了祭拜雅典娜而建造的帕特农神殿。帕特农神殿是举世闻名的古代七大奇迹之一，庄严肃穆，气势恢宏。神殿内有大量的、以宗教神话题材为主题的大理石雕刻，线条流畅优美，人物栩栩如生，堪称艺术宝库的奇葩。

　　卫城中的另一颗明珠是厄瑞克赛翁神

殿，它是为了纪念雅典娜女神之子——雅典王厄瑞克赛而建的。它的整体构思十分奇特复杂，建筑细节尤其精美。它的6根柱廊是依照女神雕刻而成的，她们体态丰满，神色庄严，衣饰生动逼真，就像6个神圣的女神，注视着苍茫大地，注视着雅典城的沧桑巨变。

其实，雅典卫城最早的建筑是雅典娜女神庙，传说希腊人民为了永远留住雅典娜女神，让她做雅典的保护神，就把这位胜利女神的双翼砍下，所以又被称为"无翼胜利女神庙"。

当然啦，在经历了时间与战火的洗礼之后，女神庙日渐荒废。17世纪时，英国人还拆掉了许多浮雕，使得现在就只剩下几根柱子了。

卫城的南坡是古代的平民活动中心，有露

天剧场和长廊。卫城的西北侧则是亚格拉广场、竞技场、大会堂和迪奥尼苏斯大剧场。剧场可容纳近2万人，最奇特的是它的音响效果。在巨大的半圆形剧场中，坐在最后一排的观众竟然和坐在最前排的观众一样，甚至可以清楚地听到演员的轻微叹息声。古代希腊建筑师在声学方面的造诣，令当今的建筑师赞不绝口。

整个卫城建筑以山岗为基石，与周围的环境浑然一体，随着山势的起伏高低而错落有致。它是人类建筑史上最杰出的代表，象征着人类雕刻艺术的最高成就。它是欧洲最古老也是保存最完整的古迹，作为古希腊文明的象征，它被认为是欧洲文明的发源地之一，在人类的发展史上有着举足轻重的地位。

　　1987年，雅典卫城已被列入世界文化遗产名录。如今，每年吸引着超过300万的游客来瞻仰。

这里有最好吃的蛋糕

西班牙文学大师塞万提斯笔下有这样一座城市，它沉默厚重而又绚烂多彩，它古朴宁静而又风情万种。它，就是被塞万提斯誉为"永恒之城"的西班牙著名古都——托莱多。

托莱多是一个位于西班牙中部的省，距今已有2000多年的历史。它不仅是欧洲重要的文化名城，也是西班牙最重要的国家古迹。它以其保存完好的历史文化遗产而闻名于世，

整座古城已被西班牙政府列为全国文物重点保护区，也被联合国教科文组织列为"世界文化遗产"。

　　和历史上的许多文化名城一样，托莱多也曾受到过多次入侵。公元前192年，罗马人占领托莱多；527年，西哥特人统治西班牙并在此定都；711年又被阿拉伯人攻陷；1085年，摩尔人后裔阿方索六世国王率兵占领托莱多，将其定为国都。

　　托莱多在中世纪时曾是欧洲重要的政治、经济、文化和商业中心，虽然随着西班牙国王费利佩二世迁都马德里而渐渐衰落，但是三种文明的碰撞与融合而遗留下来的文化与艺术遗产却永远

散发着耀眼的光芒。

托莱多依山而建，湍急的塔霍河流经古城东、西、南三面，形成一道天然屏障。由于托莱多东、西、南三面被塔霍河所阻隔，所以唯一能进入古城的就是北面的比萨戈拉门。城门上刻有西班牙国王卡洛斯一世的帝徽——帝国皇鹰，而令比萨戈拉门声名远播的则是城墙上刻着的塞万提斯给托莱多的题词："西班牙之荣，西班牙城市之光。"这是对托莱多这座历史文化名城最崇高的赞美。

城区道窄坡斜，街道纵横交织，密如蛛网。大大小小的街道全是小石子铺成，成为一道独特的风景线。

漫步古城街头，到处都是密密麻麻的古迹遗址，没有一幢现代建筑。摩尔式、哥特式、巴洛克式等各式各样的教堂、寺庙、城墙、修道院等古建筑以及古色古香的民居和谐统一，令整座城市显得格外古朴典雅。回响在耳边的教堂钟声更增添了古城的深远绵长的神秘古风。

说起这些古建筑，托莱多大教堂是最负盛名的，它是西班牙排名第二的教堂，也是世界上最大的天主教堂之一。它是哥特艺术的巅峰之作，同时又吸收了其他建筑风格，可以说是集各种建筑艺术风格于一体的庞大建筑群。就连它的唱诗班座椅也是两种风格的融合，上排为文艺复兴式，下排为哥特式，但是两种风格毫不冲突，反而有一种水乳相融的美感。

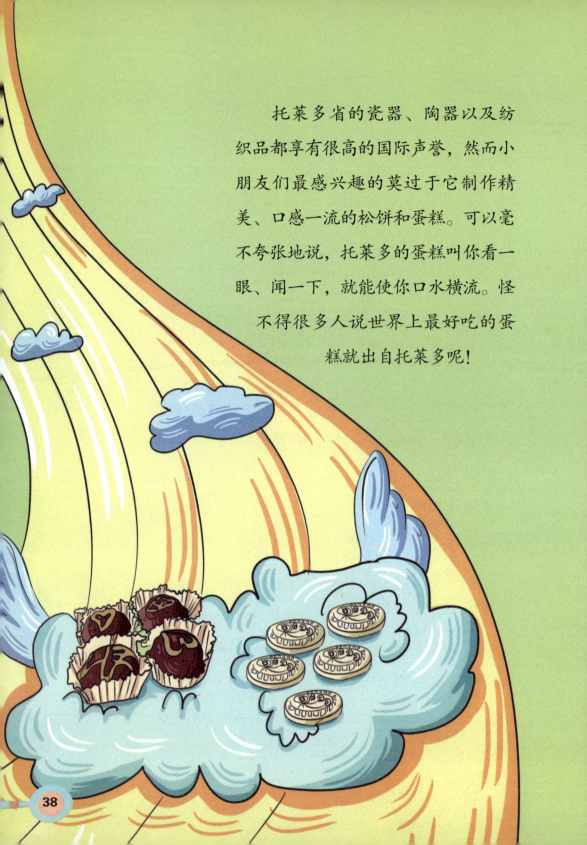

　　托莱多省的瓷器、陶器以及纺织品都享有很高的国际声誉，然而小朋友们最感兴趣的莫过于它制作精美、口感一流的松饼和蛋糕。可以毫不夸张地说，托莱多的蛋糕叫你看一眼、闻一下，就能使你口水横流。怪不得很多人说世界上最好吃的蛋糕就出自托莱多呢！

悬崖上的美丽城市

　　如果问小朋友们西班牙最壮丽的古城风貌属于哪一座城市，相信得到的回答一定是——昆卡城。

　　昆卡城位于西班牙首都马德里的西南部，整座城市建

在两条河流交汇处的白垩山脊上，海拔在1000米以上。"昆卡"在西班牙语中是河谷的意思，而河谷中最壮丽的景观莫过于被河水冲刷侵蚀所形成的处处悬崖断壁，昆卡城就建在这悬崖断壁之上，所以有人戏称它为"中了魔法的城市"，它也因此被联合国教科文组织列入《世界遗产名录》之中。

昆卡城建于8世纪。13世纪时，随着黄金贸易以及罪恶的奴隶贸易的兴起，昆卡城得到迅速发展，成为当时一流的政治、经济中心。但是历经数次残酷的战争后，昆卡城的中

心地位逐渐衰落。

昆卡城是一个具有惊险布局的城市，顺着陡峭的山势分为上下两部分。上城建立在两个中间突出的岬角上，也是古城的核心，由最早的城堡发展而来，四周有围墙紧紧地包围着。下城建在具有天然防御功能的斜坡上，它是从19世纪开始发展起来的，所以也被称为"新城"。两城唯一与外界相连的就是那数十座桥梁。上下两城对比明显，但是与周围陡峭险峻的地形又浑然一体，轮廓显著，使这个垂直性分布的城市蔚为壮观。

昆卡城中最令人叹为观止的就是保存完好的2000多座中

世纪古建筑。宗教塔楼、宫
殿和花园，构造独特、颜色鲜
明，具有统一的苏丹建筑风格。
这些古建筑与城区的民宅错落有致地聚集在狭
小的空间中，布局紧凑、格调一致，尤其是那矗立在陡立的
峭壁上的密密麻麻的房子，好像就是从石头上长出来一般，
连窗户都已经悬在半空中摇摇欲坠，令人不得不赞叹古代建
筑工匠们鬼斧神工的技艺与聪明才智。

　　如果你想体验一下在空中吃饭、睡觉的感觉，那么你一
定要去"空中悬屋"。空中悬屋又称"悬空房"，建于14世
纪，原是一座皇家别墅，现在里面有一家美术馆和城中最著
名的餐厅。它建于绝壁的顶端，阳台已伸到了峡谷的外面，
是俯瞰整个昆卡城最好的位置。因为它独特的地理位置，现

在已是昆卡城的地标。尽管在这个餐厅用餐昂贵，但是每天的游客仍然络绎不绝。

夜晚是昆卡城最美的时刻。坐落在悬崖峭壁之上的昆卡古城，在灯光的映照下，犹如空中的琼楼玉宇，两边各有一道桥梁连接悬崖，又惊又险又美！难怪大家都把昆卡城称为"悬崖上的美丽城市"。

水上古城威尼斯

提起水上城市，相信所有人脑中都会闪过"威尼斯"三个字。在世人的眼中，这座建于水上的小城，已是世界上最美丽城市的

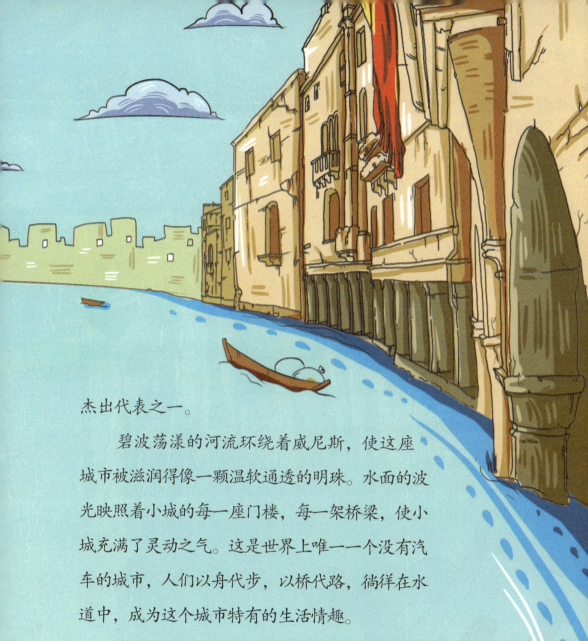

杰出代表之一。

　　碧波荡漾的河流环绕着威尼斯，使这座城市被滋润得像一颗温软通透的明珠。水面的波光映照着小城的每一座门楼，每一架桥梁，使小城充满了灵动之气。这是世界上唯一一个没有汽车的城市，人们以舟代步，以桥代路，徜徉在水道中，成为这个城市特有的生活情趣。

　　威尼斯形如海豚，面积只有414.58平方千米，别看不大，组成部分可不少，细数起来有100多个小岛呢！不过好在有上百条的运河与桥梁连接，使得它成为了一个整体。威

尼斯由一条大堤与意大利半岛相连，被称为"水上都市""百岛城"和"桥城"。

它兴建于453年的时候，后来成为了亚得里亚海的贸易中心。到了10世纪时，威尼斯成立了城市共和国，并在中世纪达到鼎盛，成为地中海最繁华的贸易中心之一。15世纪新航线开辟后，随着欧洲商业中心逐渐移至大西洋沿岸而日渐衰落。如今，威尼斯主要以旅游城市而闻名于世。

那么什么时候是游览威尼斯的最佳季节呢？相信很多人都会选择每年的2、3月份，因为这段时期正是威尼斯狂欢节举行的日子，人们不仅可以欣赏水城的美景，更可以亲身体验狂欢节欢乐而又疯狂的气氛。

　　威尼斯的狂欢节是世界四大狂欢节之一，也是世界上历史最久、规模最大的狂欢节之一。

　　狂欢节从每年春天的四旬斋的前一天开始，历时约两周。威尼斯狂欢节最突出的看点就是它色彩斑斓、造型独特夸张的面具和华丽的服饰。狂欢节时，不论本地居民还是外地游客，也不论性别、年龄和种族，男女老少人人戴着夸张的面具，穿着戏剧化的服饰，走上街头，整座城市沉浸在一片欢乐的海洋之中。

　　尽管我们对威尼斯这座著名的水上城市早有耳闻，可是初到威尼斯，还是会常常因为密密麻麻的水道和星罗棋布的桥梁而迷失方向，但是不用担心，你只要沿着大运河，就可以尽情欣赏整座水城的精华而不会迷失道路。

　　沿着这座号称"威尼斯最长的

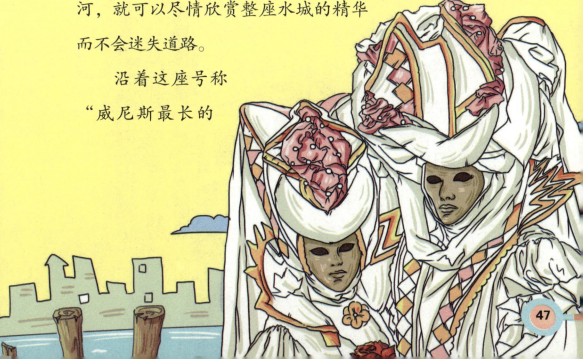

街道"，你可以一路观赏到200多座宫殿、豪宅和教堂。它们风格各异，或别致精巧，或富丽堂皇，但所有的建筑都无一例外地建在水中，犹如一座升起于水底的艺术长廊，令人叹为观止。

说到这里，小朋友们必定要问："这么多的房子，是如何在水中建起来的？"原来，威尼斯的房子是先在水中的淤泥里打下

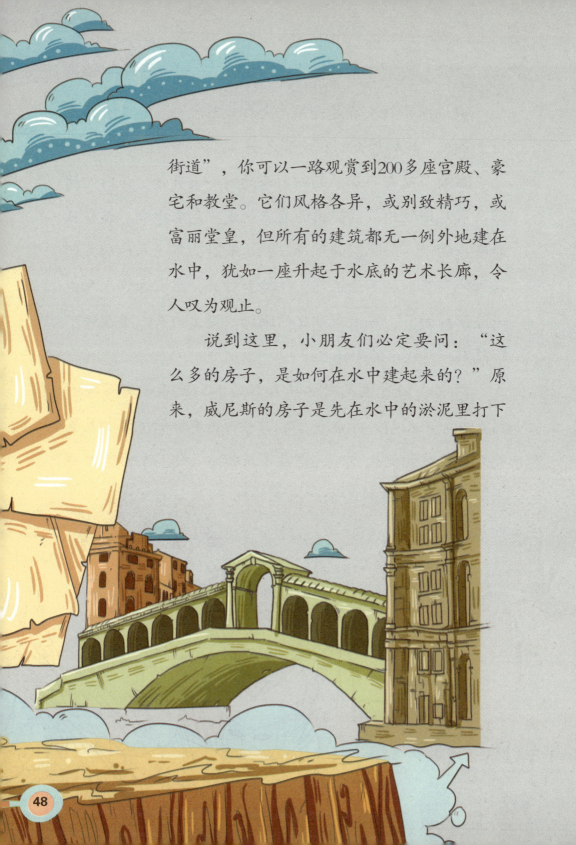

大木桩作为地基，然后铺上木板，再在上面盖房子。

　　小朋友们或许又要问："那么水中的木头不会腐烂吗？"木头浸在水中，隔绝了氧气，不仅不会腐烂，而且还会越来越硬，历久弥坚。怪不得有人说："威尼斯城上面是石头，下面是森林。"当初为了建造威尼斯，意大利北部的森林竟然被砍伐一空。

　　然而，这座美丽的水上都市却面临着消失的危险。因大陆板块漂移、全球气候变暖导致海平面上升以及人们大量开采地下水等原因，威尼斯每年都会往亚得里亚海倾斜2到4毫米，并且下沉的速度每年都在增加。

"狼孩"建造的罗马古城

世界上的许多古城都起源于一个美丽的传说，而"母狼乳婴"的故事则生动地记载了古罗马建城的由来。

老国王的弟弟阿姆利奥是一个心怀不轨的篡位者。在公元前7世纪，阿姆利奥先设计杀害了皇兄，登上皇位后，又开始残害老国王的子嗣。老国王的女儿西尔维娅公主与战神马尔斯生下了一对双胞胎兄弟，阿姆利奥连这对尚在襁褓之中的小男孩都不肯放过，派人将他俩扔下了台伯河。但是这两兄弟并没有淹

死，一只丧子的母狼救起了他们，并用自己的乳汁喂养他们。一个牧羊人看到了这一幕，把两个孩子带回了家，精心抚养起来，并为他们取名，哥哥叫罗慕洛，弟弟叫勒莫。后来牧羊人经多方打听，知道了他们的身世，待他们长大后告诉了他们。兄弟俩长大后重返宫廷，杀掉了仇人阿姆利奥，夺回了皇权，并决定重建国都。

由于罗慕洛私定城界，兄弟俩起了争执，哥哥杀死了弟弟。罗慕洛后来在台伯河畔的7座山丘上建立了新城，并用自己的名字将这座新城命名为"罗马"。后来

　　"母狼乳婴"的图案就成为了罗马的市徽。现如今，罗马市内依旧随处可见母狼与这对双胞胎兄弟的雕像呢！

　　尽管这是一个美丽的传说，但是古罗马人却真实地继承了双胞胎兄弟的勇敢和智慧，在这座离海岸约千余米远的7座山丘上建立起庞大的罗马帝国，历史上称为"七丘之城"。直到476年，这此之前的近1000年时间内，罗马一直是世界上最大的都市，最繁盛时期的人口竟然超过百万。

　　现在的罗马是意大利的首都，它分为新城和古城两部分。新城居南，是一座现代化的大都市，也是全国的政治、经济、商业中心；古城在北，酷似一座巨型的露天历史博物馆，因其有着大量的精美建筑和艺术精品，在1980年时被列为"世界文化遗产"。

罗马因其悠久而辉煌的历史而被称为"永恒之城"与"万城之城"。它见证了罗马帝国的强盛，也经历了天主教廷的至高无上。2500多年的伟大历史文化遗迹散布在城市的每一个角落。古色古香的建筑，精美绝伦的雕塑，绚丽多彩的壁

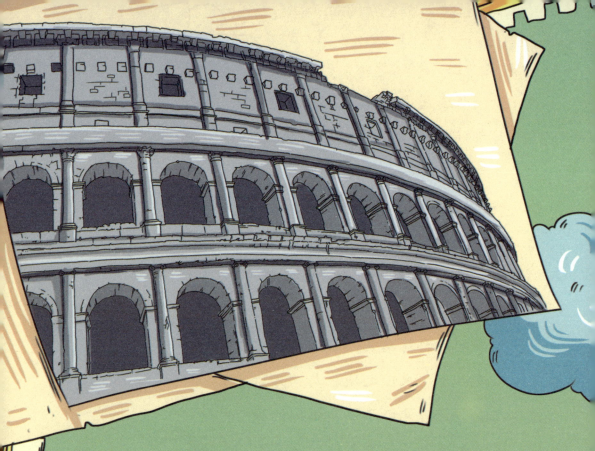

画，无一不在诉说着古罗马至今仍在延续的传承和经典。

　　在罗马建筑史上最杰出的代表应该就是"世界七大奇迹"之一的罗马斗兽场了，它可是世界上保存至今的最古老、最宏伟的斗兽场，已有近2000年的历史了哦。整个斗兽场是椭圆形的，有十几层楼那么高，占地也有2万平方米。虽然现在只剩大半个骨架了，不过依然气势雄伟呢。场地中心的斗兽台有足球场那么大，周围的看台能够容纳约9万名的观众。罗马斗兽场的看台分三层，观众们从第一层的80个拱门入口进入，另有160个出口遍布于每一层的各级座位，被称为吐口。

除斗兽场之外，罗马古城闻名于世的建筑古迹数不胜数。帝国元老院、君士坦丁凯旋门、万神殿以及圣彼得大教堂等，都是规模宏大的古代建筑奇葩和艺术珍品，至今散发着迷人的魅力，吸引着大量的游客。

此外，罗马城内还随处可见喷泉。这些造型各异的喷泉是在不同年代建造的，据说总共有1300多个。无论是在街头漫步，还是在公园嬉戏，或者在任何一个广场的十字路口，都可以看到喷泉。其中最有名的是少女喷泉，据说是为了纪念一位给古罗马军队指点水源的少女而建造的。

门槛之城布拉格

布拉格是捷克的首都，是一座具有悠久历史的欧洲文化名城，也是世界上第一个以整座城市被指定为世界文化遗产的城市。

看到这里，小朋友们是不是觉得疑惑呢？这样一座美丽的城市，为啥叫它"门槛之城"呢？难道它是以专门制作门槛而出名的吗？

原来，这里有一个美丽的传说：布拉格建城前，建筑师前来勘察地形，看见一位老人正在制作门槛，老人那认真细致、一丝不苟的精神令建筑师深受感动，于是将此城命名为"布拉格"，在德语中就是"门槛"的意思。

　　在布拉格小学的教科书上，则记载了另一个美丽的传说。9世纪，一位名叫利布丝的美丽公主做了一个

梦，梦见一个男人在伏尔塔瓦河畔凿门槛，他说他
要在这里修建一座城堡。他这样描述这座城堡：
"王子和公爵们要在门槛前弯腰，他们要向城堡和
环绕它的城市低头。而它将得到尊敬和荣誉，整个
世界都要赞美它。"

后来，公主找到了这个男人，和他结了婚，
建造了这座梦中的城堡，还建立了布拉格最早的霍
什米索王朝。

被捷克人称为母亲河的伏尔塔瓦河将布拉格
一分为二。河上有18座不同时期的大桥，其中最著
名的是建于12世纪的大石桥——查理大桥，又称

布拉格大桥。当地有一句话："不走查理大桥就等于没到过布拉格。"因此，这座融哥特式和巴洛克式建筑风格为一体的美丽大桥从早到晚，游人如织。因为传说触摸桥头30座雕像的底座会带来好运，所以连雕像上十字架与星星的浮雕都已被路人摸得油光锃亮。

走过查理大桥，走进这座童话般的城市，你首先会着迷于它那文艺复兴时期保留下来的各色哥特式、罗马式和巴洛克式的古老建筑。这些建筑

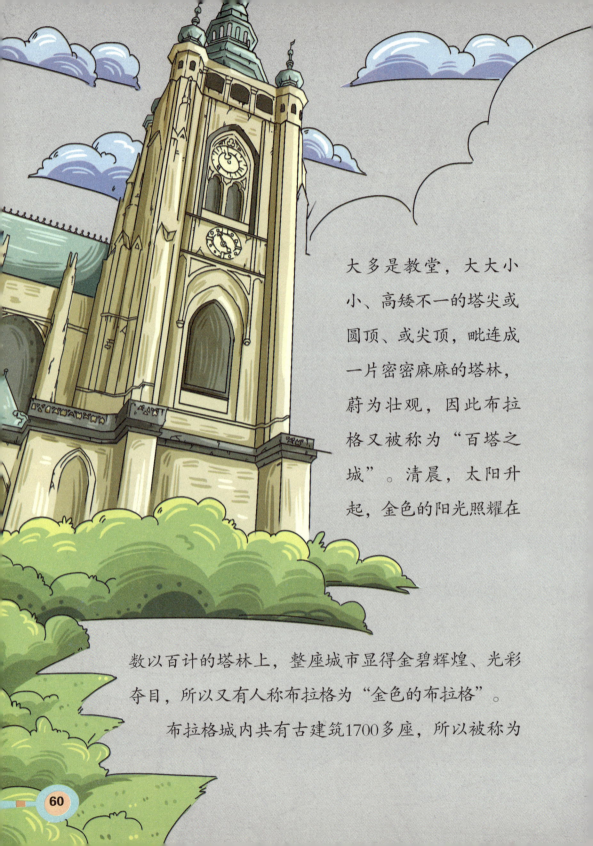

大多是教堂，大大小小、高矮不一的塔尖或圆顶、或尖顶，毗连成一片密密麻麻的塔林，蔚为壮观，因此布拉格又被称为"百塔之城"。清晨，太阳升起，金色的阳光照耀在

数以百计的塔林上，整座城市显得金碧辉煌、光彩夺目，所以又有人称布拉格为"金色的布拉格"。

布拉格城内共有古建筑1700多座，所以被称为

"世界建筑艺术博物馆"。其中最具特色的是700多年历史的圣维塔大教堂，它是布拉格城堡最重要的地标之一，具有"建筑之宝"的美誉。圣维塔大教堂是哥特式建筑的杰出典范，高耸入云的尖形塔顶，色彩绚丽的玻璃长窗，再配以十字拱、飞卷及修长的立柱，使整个教堂外观雄伟、内部开阔，具有浓厚的宗教色彩。因此它也是布拉格城堡王室加冕与死后长眠的风水宝地。

歌德曾经说过："布拉格是欧洲最美丽的城市。"尼采也曾经说过："当我想以一个词来表达神秘时，我只想到布拉格。"

这就是布拉格，一座拥有被吉尼斯列为"世界上最大的古堡"的城市，一座被称为"万城之母"的美丽城市。

"东欧巴黎" 布达佩斯

　　跟世界上大多数的浪漫之城一样，匈牙利的首都布达佩斯也有一条穿城而过的河流，它就是如梦如幻的多瑙河，美丽的布达佩斯也因此被称为"多瑙河的珍珠"或者"多瑙河的玫瑰"。

　　布达佩斯被蓝色多瑙河一分为二，西岸是建有13世纪王宫的布达城，东岸是以商业为中心而发展起来的佩斯城。如果将布达城比作高贵优雅的王子，那么佩斯城就是秀丽可人的邻家女孩。曾经它们是互

不相干的，不过后来横跨多瑙河的链子桥，使得它们"相遇"了，也组成了今天的浪漫之都布达佩斯。

链子桥是连接布达与佩斯的9座桥中最古老、最壮美的，经常出现在明信片及杂志的封面上，是布达佩斯的象征。大桥头尾共有4头威武雄壮的石狮，静静地守护着链子桥。被列入世界文化遗产的布达王宫、渔夫堡、佩斯的国会大厦分布大桥两端，是布达佩斯最美丽的画卷。匈牙利人这样赞美链子桥："如果说多瑙河是匈牙利的母亲河，那么链

子桥就是母亲胸前美丽的宝石项链。"

匈牙利的最高权力象征国会大厦坐落在多瑙河北岸，它于1896年开工，1904年建成，是匈牙利最宏伟的建筑。它的尖塔和众多垂直细长的元素和谐地融为一体，具有典型的哥特式建筑风格，是当时许多新建筑争相模仿的范本。

国会大厦近百米高，是用100多万块珍贵石材和几十斤的黄金建造而成的。其中的浮雕、雕塑、绘画以及各种装饰都极尽华丽壮观，被称为是匈牙利乃至全世界建筑史上不朽的篇章。

与国会大厦隔岸相对的是位于城堡山上的渔夫堡。渔夫堡是鸟瞰布达佩斯全城的最佳位置。全堡以米白色的石灰岩建成，是典型的古罗马风格，7座尖塔碉堡象征匈牙利祖先的7个部落，辅以周围秀丽的风光，美丽得犹如童话中的城堡。

可是你能想到吗？原来这里最早竟然是一个进行水产交易的鱼市。看来布达佩斯的每一个

　　工匠都是艺术家，所以才会有这样别出心裁的设计呢！

　　布达佩斯处于地质断层，所以有很多的温泉，被称为"欧洲温泉之都"。布达佩斯的温泉浴已有2000多年的历史，对于如今的布达佩斯居民来说，泡温泉已经成为日常生活中必不可少的一部分。人们在温泉浴中会友、谈天、下棋，形成了独特的温泉文化。

　　多瑙河缓缓地流经布达佩斯，同时留下的还有它的内敛和沉静。布达佩斯的每个街角、每块石板、每张当地人的面孔，都是那样清淡悠闲，而这种质朴沉静的美正是布达佩斯最令人着迷的地方。

尤其是夜色中的布达佩斯，昏黄的灯光，映衬着古旧黯淡的城堡和教堂，叮当而过的老式有轨电车，一切都令这个在1984年被评为"全世界最安静的首都"的城市，散发着怀旧而迷人的浪漫气息。怪不得有人要说，体会浪漫，不必去巴黎了。看来布达佩斯这个"东欧的巴黎"，给浪漫注入了新的定义。

在废墟上重建的华沙

世界上没有哪座都市像波兰首都华沙这样充满生命的绿色。

这是每一个进入华沙的人所产生的共同印象。在华沙有60多个

公园，市区更是环绕城市的上百平方千米的森林和防护绿带，置身其中就如同处在一片绿色的海洋当中。各式各样的建筑物在这无边的绿浪中忽隐忽现，远远望去，就像绿色海洋中的座座岛屿，十分秀美。就连最繁华的闹市街头，目之所及也是绿树茵茵、鸟语花香，难怪华沙被称为"世界绿都"，毕竟它是世界上拥有人均绿化面积最多的首都嘛！

与许多历史文化名城一样，华沙也始终保持着老城与新城的格局。新城极富现代化气息，高楼大厦鳞次栉比，道路交通便利有序，花园般的居民住宅一幢连着一幢，环境优美。

老城区位于维斯瓦河的西岸，集中着大部分的名胜古迹和历史纪念物。中世纪宏伟壮观的红色尖顶建筑群聚集在这里，巍峨的宫殿、高大的教堂、形形色色的箭楼被红砖砌成的内墙与外墙包围着，四角矗立着高耸的古式城堡，华美而壮观。每一个人进入老城，站在凹凸不平的石头路上，都情不自禁地被这古老而沧桑的建筑所吸引，陶醉在中世纪梦幻般的风情里。

然而，假如我告诉你，这一切都是二战之后重建的，你是否会诧异地睁大了眼睛，说："不可能！"是的，我们都知道，世界文化遗产是不可能接受一个重建的"赝品"的，那么华沙又是凭什么获得获得世界遗产的资格呢？

这是一个催人泪下却又振奋人心的故事。

二战爆发前夕，法西斯头目希特勒叫嚣要在数日之内全面摧毁华沙，当时的波兰政府软弱无能，因此华沙建筑大学的师生们出于对祖国遗产的无限热爱而自发走上街头，全面绘测了整个华沙城区。

绘测工作极尽详细，所有街道和建筑的位置、造型以及色彩都被一丝不漏地做了精确记录。在二战的炮火硝烟中，整座城市几乎被轰炸成一片平地，而这些资料却被安全保存在一个秘密山洞中，躲过了这场浩劫。

二战结束后，尊重和热爱历史的华沙人们决定完全依照故都的原貌重建华沙，要将所有的著名建筑全部复原，复原的标准竟然精细到要连原先墙面上的每一道裂缝、小路上的每一块石板都一模一样。

这个消息传开后，30多万流亡在外的波兰人民纷纷回

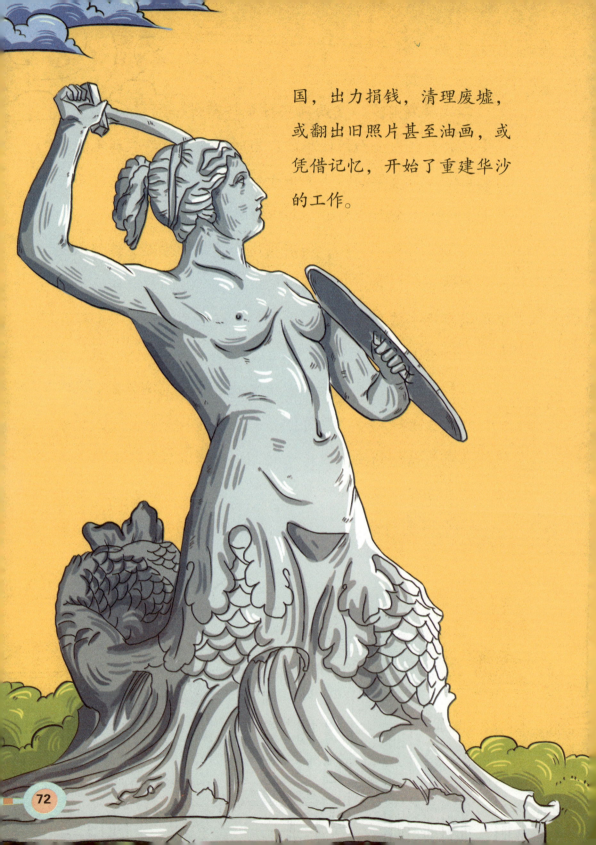

国，出力捐钱，清理废墟，
或翻出旧照片甚至油画，或
凭借记忆，开始了重建华沙
的工作。

不久，一座与战前一模一样的华沙古城从战争的废墟上矗立起来了，人们将这种神奇的现象称为"华沙速度"。华沙也因而被称为"凤凰城"，寓意华沙如同凤凰涅槃一般获得了重生。作为特例，华沙被列入《世界遗产名录》。

如今，来到华沙的游客们，一边陶醉于华沙令人着迷的美景，一边对华沙人民的勇敢与坚持肃然起敬。华沙这座历经磨难的城市，终于在和平的今天重新绽放了它的美丽。

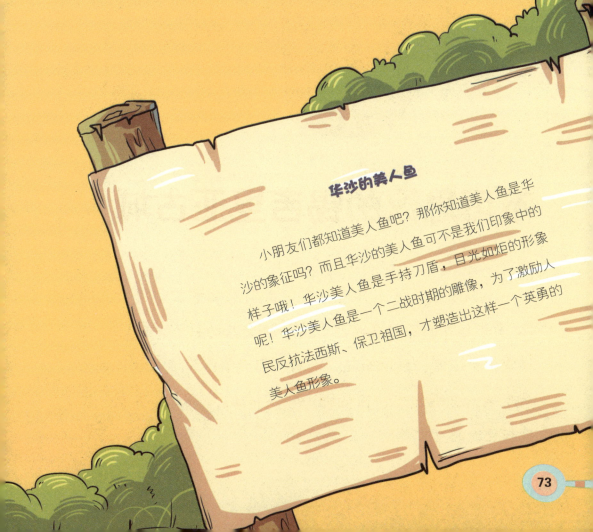

华沙的美人鱼

小朋友们都知道美人鱼吧？那你知道美人鱼是华沙的象征吗？而且华沙的美人鱼可不是我们印象中的样子哦！华沙美人鱼是手持刀盾，目光如炬的形象呢！华沙美人鱼是一个二战时期的雕像，为了激励人民反抗法西斯、保卫祖国，才塑造出这样一个英勇的美人鱼形象。

不可思议的锡吉里亚古城

　　小朋友们或许不知道，在距离斯里兰卡首都科伦坡约160千米之外的原始丛林里，有一块突兀的巨石，它就像是横空出世一般，拔地而起。小朋友们不要以为这是什么自然景观哦，告诉你吧，在这块300多米高的巨石上，曾有一座规模巨大的皇宫呢！

这就是建于5世纪的锡吉里亚古城中的古代王宫。它的历史可以追溯到公元前7000年，公元前3世纪起，成为山间修道院，是僧侣们集中居住的地方。

到了5世纪，斯里兰卡孔雀王朝的迦叶波王子篡夺王位后，由于害怕弟弟复仇，就将都城搬到了锡吉里亚，并在险要的狮子岩上建造了富丽堂皇的王宫。

然而这座他认为固若金汤的王宫只维系了10多年，就被他复仇的弟弟所攻破，从此荒废。"锡吉里亚"在斯里兰卡

的语言中，意思为"狮子的咽喉"。而锡吉里亚王宫就建立在这样一座犹如雄狮的巨石之上。

通往王宫的唯一之路是一排陡峭的、几乎垂直的石梯，石梯从一座端坐的石狮口中延伸而出，现在这座石狮仅剩下半个身子了。石梯由巨石构成，由于年代久远，已如龟背般溜滑。游人必须抓住旁边所固定的铁链，才能一步步往上

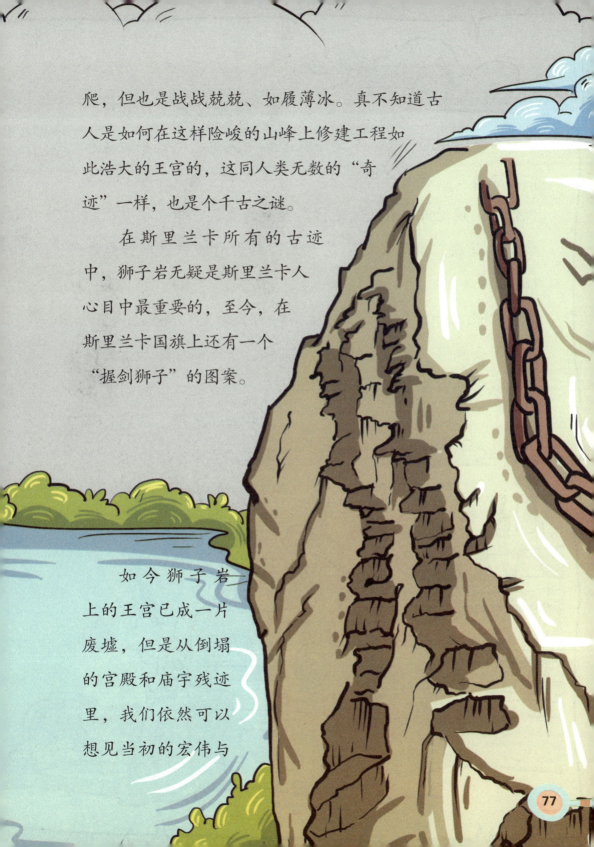

爬，但也是战战兢兢、如履薄冰。真不知道古人是如何在这样险峻的山峰上修建工程如此浩大的王宫的，这同人类无数的"奇迹"一样，也是个千古之谜。

在斯里兰卡所有的古迹中，狮子岩无疑是斯里兰卡人心目中最重要的，至今，在斯里兰卡国旗上还有一个"握剑狮子"的图案。

如今狮子岩上的王宫已成一片废墟，但是从倒塌的宫殿和庙宇残迹里，我们依然可以想见当初的宏伟与辉煌。宫中有国王的宝座、议事厅，还有一座清凉殿，古人引清泉从地板下流过，供宫中的贵人们消除暑气。有王后御花园，还有层层平台的说法崖，是古代僧人们解说佛法教义的地方。最美的要数宫中的墙壁上的数百幅壁画，画的是建立这座王宫的迦叶波一世的妃嫔和仙女。

除此以外，在从山腰通往山脚的长廊壁上，也绘有500多幅天女画像。现在虽然仅剩下22幅，但是从栩栩如生的人物形象、艳丽如初的色彩中，依然令人对古代工匠的高超技艺赞叹不已。这些壁画和石柱上所刻的诗歌文字，都是研究斯里兰卡古代文化和宗教的宝贵资料，是

斯里兰卡人民的珍贵遗产与骄傲。

王宫是锡吉里亚古城的中心，环绕它周围的是方圆4平方千米的古城遗址。它是亚洲1000多年来保存最完好的城市中心。

整个锡吉里亚古城的规划伟大而精妙，城东与城西，两条护城河与三面城墙环绕着两个矩形城区。护城河有几十米宽，防御性很好，据说曾经河里还养着无数的鳄鱼，用以威慑那些不知好歹的入侵者。

城内有无数的花园、小径、喷泉、庭院和楼台，虽然如今已是断壁残垣，破旧不堪，但无一不在诉说着这个千年古城昔日的繁华与喧嚣。

"伟大的城市" 康提

小朋友们觉得一个著名的城市应具备哪些条件呢？很多小朋友都知道交通枢纽是最容易成为繁华城市的地方，一繁华自然就出名啦！不过在斯里兰卡内陆有着这样的一个小城，那里没有海港也没有机场，但却是斯里兰卡最著名的城市，也是最受游人喜爱的城市呢！它就是康提城。

在僧伽罗语中，"康提"是"高山"的意思，它四面被青山环绕，平均海拔500米左右，城中是秀美如画的康提湖，景色十分美丽。然而这样一座美丽的小城，在历史上却是多灾多难。

1592年，康提成为斯里兰卡的首都，16世纪被葡萄牙占领，17世纪被荷兰人占领，1815年又沦为英国的殖民地，直到1948年斯里兰卡宣布独立，康提才回到了祖国

的怀抱。300多年来，英勇的康提人民从未被外国侵略者所征服，他们与外国统治者斗智斗勇，坚持斗争，因此斯里兰卡人又将康提称为"马哈隆瓦尔"，意思为"伟大的城市"。

康提有一座世界上最著名的佛牙寺，佛牙寺距今已有500多年的历史，建在6米高的台基上，四周有护寺河。整个建筑是木质结构的，由几十根柱子支撑着，所有的支柱和房梁上都雕刻着精美的图案和神话传说，是斯里兰卡历史与宗教的缩影。尤其是它的大殿，各种华丽的金银装饰、象牙雕饰和铜饰异常华美，墙壁、梁柱和天花板都布满了彩绘，因

此被称为康提的"艺术博物馆"。

此外，康提还举行一年一度的佛牙节。它是世界上最丰富多彩的活动之一，也是斯里兰卡最重要的节日之一。100头装饰华丽的大象走在前面，1000多名舞蹈、鼓手和杂技演员载歌载舞，观众们则沿街向大象首领手中的佛牙寺小盒致敬。这样的游行将持续7天，神圣而又狂欢的气氛令在场的所有人终身难忘。

1988年，康提被列入《世界遗产名录》，继续成为世界优秀文化遗产的见证。

苍凉而辉煌的布斯拉古城

在叙利亚大马士革南面140千米处，有一个历史悠久的著名古城，它就是苍凉而辉煌的布斯拉古城。

布斯拉古城地处交通要冲，五条大路在此相会。其中两条与大马士革相连，一条往东南通往波斯湾，一条往西直达地中海，还有一条往南可以抵达红海。它的水资源丰富，土壤肥沃，农业发达，因此被称为"叙利亚的谷仓"。

便利的地理位置造就了布斯拉古城悠久的历史，早在公元前14世纪，埃及法老的信函中就提到过布拉斯这座古城。公元前3世纪，布斯拉成为奈伯特王国北部地区的首府。

106年，罗马帝国灭掉了奈伯特王国，布拉斯成为拜占庭帝国阿拉伯省的首府。虽然政治与宗教冲突不断，但是由于其独特的地理位置，布斯拉在5—6世纪成为了阿拉伯商旅队从事商业贸易活动的一个重要边境市场。

7世纪，布斯拉又成为阿拉伯穆斯林的属地，阿拉伯人在这里修建了许多清真寺和民居。

不同民族的统治，使布斯拉这座古城的建筑风格迥异。其中最著名的当属2世纪时建造的古罗马大剧场。

这个剧场占地有1万平方米，而且全部都是用灰色的火山岩建成的，光是想象一下也知道气势有多宏伟了吧！

在剧场的中心是一个大舞台，前面是一个半圆形的乐池，而外围则是一个半圆形的看台。看台分成了上、中、下三层，可以容纳15000名的观众同时观看演出。

剧场布局精心合理，无论观众坐在台阶的哪个角落，都可以清楚地观看到演出，清晰地听到舞台上和乐池里传来的声音。

在众多的古罗马露天大剧场中，它是保存最完整的一

布斯拉古城的其他古建筑遗址

布斯拉古城的建筑都是用青灰色的火山岩建成的，所以整座古城都有一种陈旧的苍凉感。城中有很多罗马时代遗留下来的喷泉、浴室和谷仓，其中比较有名的就是建于公元前1世纪的布斯拉城堡了，这个城堡的面积有1万多平方千米。除此之外还有地下市场、凯旋门、罗马公共澡堂以及修道院等等。

座，所以也是最大、最壮观的，具有极高的建筑艺术价值。

8世纪和11世纪的两次大地震，以及十字军、蒙古军的相继入侵，使得古罗马剧场被埋在废墟中多年，直到19世纪末才被发现，20世纪初才被清理出来，重见天日。

如今，这座古老的大剧院又重新焕发了青春。叙利亚每两年都会在这里举办一届国际民间艺术节，邀请世界各国的优秀民间艺术团体来此演出，另外还经常有世界著名的歌手与歌剧演唱家来此演出。

历史古城乍比得

乍比得是也门西南部的一个历史古城，处在红海沿岸的提哈迈平原上，距离海岸只有25千米。它坐落在古代印度与麦加的通道上，具有十分重要的地理位置。

乍比得早在7世纪时就已经存在，那是先知穆罕默德生活的时代，提哈迈平原上已有穆斯林力量的存在。

818年至1018年，齐亚德王朝建都乍比得，修建了防御工事和运河

系统。

之后的几代国王建立了大清真寺并将较早时期的阿萨清真寺做了大规模的扩建。但是在纳贾王朝和马赫迪王朝时，整座城市受到了大面积的破坏。

13世纪的时候，也门迎来了繁荣，乍比得再次成为全国的政治与文化中心。乍比得作为历史文化名城的坚实基础，就是建立在这几个世纪延续的繁荣之上的。后来在第一次奥斯曼帝国征服期间，也就是1545年到1638年，乍比得逐渐衰落了。

乍比得古城占地有1.35平方千米，古城全部被包围在一个椭圆形的防护墙内，军事防御十分严密。街道狭窄并呈环形，四通八达，有很多的出入口。瞭望哨楼、射击孔和防御墙随处可见，整座城市就如同一个军用城堡。

乍比得的民居也很有特色，弯弯曲曲的小巷如同迷宫一般，一幢幢房子好像重叠在一起，主要都是用烤硬的砖块所建，上面覆盖着白色的刷墙粉，也有茅草屋顶的泥砖房屋。它们外表简朴，里面的家具和装饰却十分豪华。

　　虽然乍比得古城在历史学和考古学上有着极其重要的位置，但是最近几年有接近一半的房屋都破坏了，取而代之的则是水泥建筑，就连国家露天剧场也受到了破坏。因为这些原因乍比得已经被列入到《世界濒危遗产名录》了，看来这座历史古城真是急需保护呀！

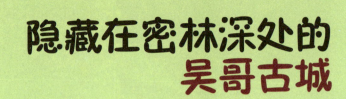

隐藏在密林深处的吴哥古城

小朋友们知道吗？在19世纪60年代初的时候，法国的一位生物学家在柬埔寨的热带丛林中寻找植物时，意外发现了一座荒弃已久的巨大石城。这个石城和我国的长城、埃及的金字塔以及印度尼西亚的波罗浮屠并称为"东方四大奇观"。它就是吴哥古城。

这位生物学家是这样描述吴哥古城的："这里庙宇的宏伟远胜于古希

腊、罗马所留给我们的一切。当从吴哥庙宇走出重返人间的一刹那，就如同是从灿烂的文明堕入蛮荒一般。"由此可见，吴哥古城的雄伟壮丽是何等的动人心魄啊！

从1908年起，法国远东学院对吴哥古城进行了为期数十年的清理修整工作，使得这座淹没于密林深处长达400多年的吴哥古城终于重现人间，大放异彩。

这个古城距离柬埔寨首都金边大约有300多千米的距离，始建于11世纪至12世纪，是当时柬埔寨首都的遗址。它包括被称为"大吴哥"的吴哥古城和被称为"小吴哥"的吴哥寺，共有建筑约600余座，散落在45平方千米的森林中。

　　大吴哥是苏耶跋摩七世统治时修筑的新都。它是一座正方形的城池，全部用赤色的巨石砌成，气势宏伟，规模壮观。它的周围是一条长5700米、宽190米的护城河，犹如一道屏障，阻挡了周围的森林对古城的围困。

　　城内还有着样式繁多、精美异常的寺庙和宝塔，最中心也是最有名的建筑叫做巴扬庙，它是王城的主体建筑，高40多米。在它周围是16座中塔，象征当时全国的16个省份。这些塔的周围还有几十座小塔，它们一起成为了一组完美的建筑群，其中被称为"吴哥古迹明珠"的女王宫，更是以其精妙绝伦的雕刻艺术闻名于世。这些都充分反映出了古代柬埔

寨工匠们的高超技艺和惊人智慧。

　　小吴哥又称"吴哥窟"，是苏耶跋摩二世为自己修建的陵墓。它是整个古迹中保存最完好的寺庙建筑，也是举世闻名的建筑奇观。它整体建在一个3层的石阶上，高约20层楼，四周被石雕门楼和石砌长廊所环绕，最上层是5座莲花蓓蕾一般的尖塔，被称为"山庙"。今天的柬埔寨将它印在国旗上，视作国家的象征，可见它在柬埔寨人民的心目中有着何等神圣的地位。

　　整个吴哥古城最突出的艺术成就有两点：一是它全部是由巨大的石块堆砌而成，最重的达到8吨，块块巨石严丝合

缝，但是中间没有任何粘合物，经历近千年的风雨之后，竟然毫不动摇，真可谓是建筑史上的奇迹。

二是它被称为"雕刻出来的城"，几乎每一块巨石上都有精美绝伦的浮雕，大多取材于印度史诗中的神话故事，手法细腻，线条流畅，立体感强，是柬埔寨乃至整个世界浮雕艺术的最杰出代表。

吴哥古城灭亡之谜

据历史学家考证，吴哥古城最繁盛的时候，有百万左右的居民在此生活，但是为何一夕之间，这样一座繁华的都城竟然变为一座空城，淹没在茫茫丛林之间呢？

是突然爆发的瘟疫，使他们在极短的时间内全部死去吗？还是外族的侵入将全城的百姓都掳走做了奴隶呢？史书上竟然找不到一丝记载。所以吴哥古城的灭亡也成了人类历史上的不解之谜之一。

天神诞生的特奥蒂瓦坎

　　提起金字塔，小朋友们首先想到的是闻名于世的古埃及金字塔吧。然而你知道吗，在遥远的墨西哥城北郊，竟然也有两座与埃及金字塔齐名的金字塔！它们就是特奥蒂瓦坎古城遗址的主要组成部分——太阳金字塔和月亮金字塔。

　　"特奥蒂瓦坎"在印第安纳瓦语中的意思是"创造太阳和月亮神的地方"。这个名字的由来有一个美丽的传说：在远古时期，有一天太阳突然不发光了，整个地球被笼罩在黑暗之中。天上诸神听见了地球上人们痛苦和绝望的哭喊声，从宇宙飘落在了特奥蒂瓦坎。他们修建起太阳和月亮两座

金字塔，并且在塔的中间点起了熊熊的篝火。为了使篝火永不熄灭，诸神商定，谁有勇气投身火海，谁就能成为永远守护人类的第一代太阳。

众神中出身低贱的纳纳瓦特神第一个跳进火海，变成了一轮红日；而出身高贵的特克西斯特卡尔神却害怕了，跳进的是即将熄灭的火堆，于是他变成了只能在太阳下山后用微弱之光照耀大地的月亮。这就是特奥蒂瓦坎地名的神秘由来，人们也因此称整座城市为"诸神之城"。

　　特奥蒂瓦坎是拉丁美洲最大的城市遗址，建造于大约公元前2世纪。300年到650年，是这座城市的鼎盛时期，人口达到20万左右，经济、贸易发达，是当时世界第六大城市，对周边地区的各种文化，如墨西哥文化和玛雅文化等，都产生了深远的影响。然而在750年左右，特奥蒂瓦坎骤然神秘消亡，正如建造它的人们从何处而来，又为何建造这座城市一样，都成为人类历史的未解之谜。

　　特奥蒂瓦坎古城规模宏大，气势磅礴，城市的中心是一条被称为"死亡大道"

或"黄泉大道"的南北大道，但是为什么这样一条主干道会有这样一个恐怖的名字呢？考古学家推测，这或许与当时用活人祭神的宗教仪式有关。他们将活人在大道上用火烧死，用以祭拜神灵。而且整座城市以及城市的周围都没有发现一座坟墓，由此可见，当时的特奥蒂瓦坎人是没有土葬的习俗的。

城内的主要建筑都分布在大道的两旁。最北端是月亮金字塔，太阳金字塔在大道的东侧。两座金字塔虽经岁月的侵蚀大部分已被毁坏，但是其巨大的塔身以及宏伟的构造，至今仍令人称奇。

月亮金字塔的西侧是鸟蝶宫，这是古城最豪华的建筑，显然是当时上层人士和达官贵人居住的地方。宫殿的圆柱和墙壁上都雕刻着蝴蝶和飞鸟，彩色鲜艳，栩栩如生。在鸟蝶宫的下面还挖掘出了一座羽螺庙，这是迄今为止发现的特奥蒂瓦坎古城中最古老的建筑，因其壁画多为用艳丽羽毛装饰的海螺而得名。

　　如今，这座"诸神之城"已被联合国教科文组织纳入《世界遗产名录》之中。

堡垒般坚固的
魁北克古城区

　　每个国家都有一些历史古城，这些古城都是先人们创造出来的。在加拿大东南部有一个叫作魁北克的古城，这个古城的建立者却并非是加拿大人，而是一个叫萨缪尔的法国人。是不是很奇怪呢？是怎么回事呢？原来萨缪尔到北美洲来寻找殖民地，恰巧就发现了这片美丽的土地，于是他将之称为"上帝的礼物"，在此建立了城市。其实早在此之前，这里就已经有印第安人居住了。

"魁北克"在印第安语中是"窄湾"的意思，因为河面宽十几千米的圣劳伦斯河流经此处时，河面突然变窄，只剩下1千米宽了。圣劳伦斯河直通大西洋，所以魁北克就成为了一个重要的港口和交通要塞。在法国人建立了魁北克城之后的百年中，大批法国移民源源不断涌入魁北克，并由此为

中心，控制了整个加拿大。

到了19世纪的时候，英法之间为争夺殖民地爆发了七年战争，战败的法国不得不将整个加拿大割让给英国。魁北克自然也进入了英国的口袋，不过终于在1867年的时候加拿大独立了，此时的魁北克也成为了加拿大联邦政府的魁北克省的首府。

小朋友们知道直布罗陀海峡！你知道魁北克一直被称为

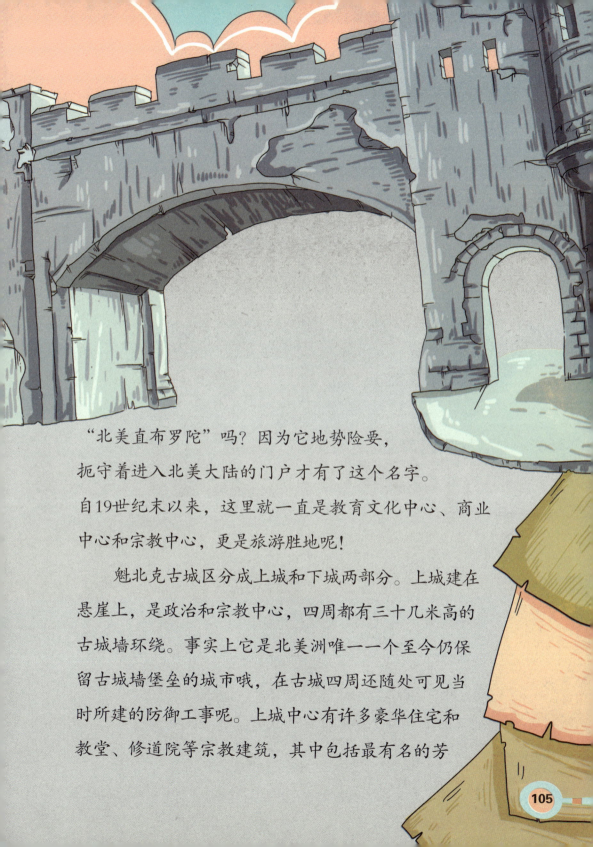

"北美直布罗陀"吗？因为它地势险要，
扼守着进入北美大陆的门户才有了这个名字。
自19世纪末以来，这里就一直是教育文化中心、商业
中心和宗教中心，更是旅游胜地呢！

　　魁北克古城区分成上城和下城两部分。上城建在
悬崖上，是政治和宗教中心，四周都有三十几米高的
古城墙环绕。事实上它是北美洲唯一一个至今仍保
留古城墙堡垒的城市哦，在古城四周还随处可见当
时所建的防御工事呢。上城中心有许多豪华住宅和
教堂、修道院等宗教建筑，其中包括最有名的芳

提娜城堡与星形城堡要塞等等。

　　下城建在崖壁的下面，是古老的居民区和港口聚集地，同时也是魁北克的商业中心和贸易集散地。街道两旁店铺林立，很多都还挂着18世纪时的古老牌匾。就连店员都身着古装，梳着古代的发饰，就仿佛时光倒流一般，回到了那个古色古香的年代呢！

　　上下两城之间有一条空中缆车，小朋友们还可以在空中尽情欣赏古城美丽的风光哦！

　　魁北克古城堪称是北美洲堡垒式殖民城市的完美典范，在现存的700多座古老建筑中，一半以上都建于19世纪上半叶。北美第二古老的大学拉瓦尔大学就在这里。除此之外，还有北美最古老的广场——皇家广场、北美第一条自由贸易街——香槟街都在这里呢。而且整座魁北克古城也是北美洲第一个被列入世界文化遗产的城市哦！要说魁北克古城处处是古迹，那可是一点儿也不夸张的。

　　在这众多的古迹中，最著名的还是魁北克城的地标建筑——弗龙特纳克城堡酒店了。如同它的名字般，整个酒店的外形就是一座宏伟的城堡。你看啊，青铜色屋顶，砖红色外墙，不就像是一个耸立在悬崖之上的雄伟城堡

　　吗？无论你从哪个角度去看，都以为看到的是酒店的正面，这也是它设计最为巧妙的地方。因为这里太美，所以它也成为很多摄影师镜头下最钟爱的酒店哦。

　　魁北克是北美最古老的城市，也是最美丽的城市之一。95%的居民都讲着优雅的法语，它的鹅卵石街道、法式和英式的古典建筑以及居民的日常生活习俗等，无一不散发着浓厚的中世纪欧洲风情。

"防御堡垒" 哈瓦那旧城

　　在拉丁美洲乃至全世界，到处都流传着一首叫作《鸽子》的民歌：

　　　　"当我离开可爱的故乡哈瓦那，

　　　　你可知道我是多么忧伤？

天上飘着明亮的金色的彩霞

亲爱的姑娘靠在我身边

亲爱的我随你一同去远航

像一只鸽子

……"

这首脍炙人口的歌曲令无数的人感动，也唤起了他们对于哈瓦那——这个古老而又美丽的城市的无限向往。

　　用美丽来形容哈瓦那是远远不够的。这个被誉为"向世界出口阳光和空气的城市"，天永远是蓝的，地永远是绿的，海水永远是澄净的，而人民永远是勇敢、不屈不挠、充满激情和热忱的。

　　1492年哥伦布第一次航行美洲时登上古巴岛，发出赞叹："这是我到过的最美丽的地方。"之后西班牙人就开始入侵，古巴成为西班牙的殖民地。

　　西班牙人在古巴掠夺了大量珍贵的宝石和木材等物资，先运到哈瓦那集中，然后穿越大西洋前往西班牙。这使得哈瓦那成为美洲的通商和航运中心，经济

日渐繁荣，这为日后哈瓦那成为古巴的首都，以及全国政治、经济、文化和商业中心打下了坚实的基础。

哈瓦那分为新城和旧城两部分。旧城被称为"老哈瓦那"，包括从旧城墙遗址到哈瓦那湾之间的整片地区，占地有1平方千米左右，是哈瓦那的商业中心，也是历史古迹遍布的地方，1982年被联合国列入了《世界遗产名录》。

哈瓦那旧城的中心是兵器广场，为了对付当年猖獗的海盗，西班牙殖民政府将哈瓦那修建成了美

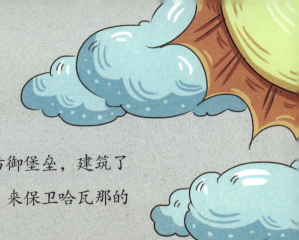

洲独一无二的强大军事防御堡垒，建筑了坚固无比的要塞和城墙，来保卫哈瓦那的安全。

哈瓦那最著名的城堡是莫罗城堡，用了40多年的时间才建成。它三面环水，唯一与陆地相连的一面也挖有一条深12米的壕沟，地势十分险要。周围的城墙用巨石砌成，有1至2米厚，坚不可摧，四壁设有许多火力点，顶部平台架有大炮，一座高达30米的瞭望塔高高耸立，成为哈瓦那旧城的显著标志。城堡上弹痕累累，那正是哈瓦那屡遭欧洲列强洗劫的历史见证。

建于1538年的拉富埃尔萨的城堡，则是古巴最古老的城堡，在整个美洲也位列第二。它是一座四方形的古堡，四周被高达20多米的城墙包围着，城堡上的塔楼安放着一座名叫"哈瓦那"的印第安少女的铜像，吸引着成千上万的国内外游客前去参观，据说这就是哈瓦那城市名称的由来。

　　在400多年的历史当中，哈瓦那旧城中保存了从新古典主义到巴洛克建筑风格等上千座建筑。要说

哈瓦那旧城的非凡原貌能保存至今，这些古城堡及其防御工事体系可谓是功不可没。

海明威也曾经将哈瓦那称为"世界上最美丽的城市之一"，他人生的最后22年就是在这里度过的。而他的故居自然也在这里，不知道小朋友们知不知道《老人与海》这部作品，它就是海明威在这个城市中创作的。

哈瓦那，这颗被称为"加勒比海上的明珠"的城市，至今仍旧散发着耀眼而迷人的光芒。

消失的玛雅人留下的迷城

　　小朋友们知道玛雅文明吗？随着他们的突然消失他们居住过的地方就成为谜一样的城市了。墨西哥境内的埃尔塔津古城就是其中之一。古城距离首都墨西哥城200千米远。它是当今世上留存不多的玛雅文化建筑群之一，是了解玛雅文明最好的场所之一。

埃尔塔津古城起源于1世纪，9世纪到13世纪初，是它的鼎盛时期。它是特奥蒂瓦坎帝国没落之后，中美洲东北部最重要的城市之一。它的文化对墨西哥湾沿岸的玛雅地区和墨西哥中部高原都有着深厚的影响。但是后来，这座古城逐渐被荒弃，湮没在一望无际的莽莽林海之中，直到1785年，才被一个西班牙探险家发现，得以重见天日。

到目前为止，古城大约一半的建筑遗址都已被挖掘出土，这座湮没在热带林海中长达500多年之久的古城已逐渐向世人展现它独特而迷人的文化魅力。

埃尔塔津古城名字的由来是过去居住在这座古城中的托托那克人认为12位掌管风云雷电的神仙住在这里，他们被统称为"塔津"。

　　但是当地的地图上显示，它还有一个名字叫作"米克特兰"，意思是"死人的住所"。为什么有这样一个恐怖的名字？原来这竟然和当时风靡的一种球类运动有关——中美洲的胡埃戈回力球。

　　在埃尔塔津古城中，一共发现了17个古代胡埃戈回力球球场遗址，虽然这种球场遗址在中美洲很常见，但别处最多也就一两个。无论是在玛雅人的神话传说中，还是在西班牙史学家的记载中，这种球类运动与其说是一项体育运动，还

不如说是祭祀仪式更为恰当，因为失败者往往要付出生命的代价！

　　埃尔塔津古城中曾经发现过一块浮雕，刻的是一支失败的球队队长被斩首的情景。而这种野蛮而血腥的运动在中美洲有着2000多年的

历史，但是为什么要这么做却无人知晓。埃尔塔津古城留下的证据表明确有其事，因此更增添了人们的不解与困惑。

埃尔塔津古城除了众多的古代球场遗迹之外，还有装饰豪华的公众广场和金字塔遗迹。这些建筑群都有独具特色的斜坡并带檐口，以精美的圆柱浮雕和中楣浮雕著称，成

为中美洲建筑史上的纪念碑。其中最著名的是"壁龛金字塔"，堪称墨西哥前哥伦比亚文化的典范之作。

壁龛金字塔有着重要的天文学意义和象征含义。这座巨大的金字塔外壁密布了多个壁龛，每个壁龛上都雕刻着精美的场景画。壁龛总共有365个，这也就是说当时他们就已经知道了一年中有365天了！古代人的历法竟然已经有了这样的发达程度，真是令人惊叹呀！

埃尔塔津古城雄伟瑰丽的古代建筑、精湛的壁画、雕刻以及彩绘陶器，都是古代印第安文化的瑰宝，1992年作为文化遗产被列入了《世界遗产名录》。